AF467971

AVENIR DES OUVRIERS.

IMPRIMERIE DE L. BOUCHARD-HUZARD,
7, rue de l'Éperon.

AVENIR

DES

OUVRIERS,

par Jean Czynski,

auteur du Roi des Paysans, de Stenko
le Rebelle, etc., etc.

PARIS,

LIBRAIRIE SOCIALE,

4, rue de l'École-de-Médecine.

1839.

Trente-quatre ans se sont écoulés, depuis qu'un homme d'un génie extraordinaire apporta aux hommes une science nouvelle qui doit assurer au monde le règne du bonheur et de l'harmonie.

Cet homme, c'est CHARLES FOURIER.

Fourier était forcé de travailler pour assurer son existence; mais il consacrait tous ses moments libres à examiner les plaies de notre société. Il se demandait si le *malheur* était la destinée du genre humain, et, après de pénibles recherches, de longues études, il parvint à découvrir la clef de l'énigme, le but de la création.

Sa théorie est à la fois si claire et si bienfaisante, si neuve et si opposée à nos idées reçues, qu'il semble que Dieu, trop longtemps méconnu et outragé par les faux sages et les faux moralistes, ait choisi CHARLES FOURIER pour réhabiliter sa gloire, prouver sa sagesse et sa justice.

Ses disciples, guidés par un zèle honorable, jaloux d'accélérer le triomphe de la théorie de leur maître, adressaient leur travaux aux philosophes, aux riches et aux rois de la terre.

Ils disaient aux prétendus sages : « Philosophes, vous vous êtes trompés ; vos bibliothèques avec vos 300,000 volumes sont des dépôts de faussetés et de ténèbres. Rejetez ces livres qui égarent et qui attristent le genre humain. Étudiez la science sociale, dont le triomphe assure le bonheur de tous en général, et le vôtre en particulier. »

Les philosophes tournaient en dérision leurs paroles, et ne voulaient pas croire à la vérité d'une théorie qui prouvait leur ignorance.

Alors les disciples tournèrent leurs regards vers les riches ; ils leur promettaient d'augmenter leur fortune, de quadrupler leurs revenus, de varier et multiplier leurs jouissances et leurs plaisirs.

Mais les riches, satisfaits de leur position, ne voulaient pas se donner la peine d'étudier une science nouvelle que les philosophes taxaient de *rêve* et d'*utopie*.

Enfin les disciples, découragés, s'adressèrent aux rois de la terre :

« Empereurs, rois, princes, disaient-ils, vous êtes exposés à la haine de vos nombreux ennemis, le poignard et la révolte vous menacent. Étudiez la théorie de CHARLES FOURIER, mettez-la en pratique; les conspirations cesseront, il n'y aura plus ni troubles ni révolutions. Ceux qui vous haïssent vous aimeront. Vous et vos descendants, vous régnerez avec sécurité, gloire et bonheur. »

Mais les rois ne les écoutaient pas.

Et le mal grandissait. A côté d'immenses richesses, la misère décimait les pauvres. Au milieu des champs fertiles, la faim torturait les sept huitièmes de la population ; malgré des lois sévères, le nombre des crimes augmentait ; le désespoir s'emparait des ouvriers sans pain et sans travail, et nulle voix ne s'élevait pour consoler ceux qui souffraient.

Les disciples de FOURIER frappaient aux portes des puissants, et ces portes ne s'ouvraient pas ; ils oubliaient les malheureux qui avaient besoin de leurs paroles vivifiantes.

Les livres de la science sociétaire, d'un prix élevé, ne pouvaient pénétrer dans le logis du pauvre.

Et, quand la vraie science lui manquait, les faux prophètes, les amis ignorants lui tendaient la main. Mais, ne connaissant pas la voie de salut, ils prêchaient la haine, la révolte, la destruction. Au lieu de combattre la misère, ils maudissaient les richesses; au lieu de demander à la terre fertile ses produits abondants, ils prêchaient la guerre et la dévastation; au lieu d'associer, d'harmoniser, ils divisaient, ils préparaient la lutte et l'anarchie.

O vous qui, à la sueur de votre front, gagnez un morceau de pain noir, n'écoutez pas ceux qui savent détruire, et qui ne savent pas bâtir.

L'abondance ne sortira pas des ruines.

N'écoutez pas ceux qui prennent la terre pour une vallée de larmes, pour un séjour maudit.

Ils blasphèment contre Dieu, qui prend soin du plus petit oiseau, du plus chétif insecte.

N'écoutez pas ceux qui vous mettent les armes à la main, car ce n'est pas avec les armes, mais avec vos outils, que vous devez enrichir et conquérir le globe.

Écoutez-moi, je vais vous dérouler un nouveau monde, je vais vous indiquer le chemin du salut!

Qui êtes-vous? me demanderez-vous, qui vous donne le droit de vous penser plus sage et meilleur que les autres? Oh! mes amis, mes frères, ce n'est pas la confiance dans mes forces qui me guide, c'est la science de mon maître qui me donne cette hardiesse. Il souffrait comme vous souffrez, il travaillait comme vous pour assurer sa pénible existence, lui aussi fut victime de la société qui vous écrase. J'ai consacré cinq ans à étudier la science qu'il a découverte; c'est son génie qui m'inspire.

Un jour..., il y a plus de quarante ans, dans un faubourg de Paris se réunissaient les ouvriers sans travail, la rage dans le regard, le désespoir sur le front.

La nuit approchait, et ils n'osaient retourner dans leur logis, où leurs enfants affamés attendaient la nourriture ordinaire qu'ils ne pouvaient pas leur apporter.

L'un voulait se jeter dans la Seine, l'autre blasphémait Dieu; un autre, baissant la tête, grinçait des dents et pleurait.

« Frères, jusqu'à quand souffrirons-nous? » s'écria un jacobin.

Il était beau et fort; sa mise n'était pas élégante, mais propre : le feu de l'enthousiasme animait ses yeux; sa figure était pâle et sévère; ses paroles éloquentes partaient du fond de son cœur.

« Regardez, dit-il, quand nous mourons de faim, les riches s'amusent. Voyez ces mille bougies qui brillent aux Tuileries; entendez-vous cette musique, ces danses? —

C'est notre sueur qui les fait vivre; c'est notre travail qui les gorge d'or. Levons-nous, brisons nos chaînes, renversons les tyrans. Sur les ruines de l'aristocratie, fondons le règne de *l'égalité*. Aux armes! vive la république!

—Mort aux tyrans! vive la république!» répondirent les ouvriers sans travail.

« Arrêtez! » s'écria un vieillard aux cheveux blancs. Sur son front sombre, on voyait des rides nombreuses, suite des longues études : son corps était épuisé par les fatigues et les adversités; sa poitrine affaiblie laissait à peine entendre ces paroles conciliantes :

« Que voulez-vous faire, imprudents? disait-il; les riches sont vos frères : en les immolant, vous ne deviendrez ni plus libres, ni plus heureux. Vous saurez renverser, briser, détruire, mais vous ne saurez ni fonder, ni conserver. Vous écraserez quelques hommes pour faire place à quelques hommes nouveaux, et vous resterez toujours esclaves de la misère et de l'ignorance. Écoutez-moi; je veux vous apprendre ce qu'il faut faire pour que la terre de malheur se transforme en paradis terrestre, pour qu'une nouvelle ère commence pour le genre humain. »

Il parle, mais on ne l'écoute pas. Déjà le tocsin sonne, la révolte gronde, les châteaux croulent; l'autel renversé, la couronne brisée, laissent le peuple triomphant. L'Europe tremble, et du sein de la foule sort un héros, qui ravit et distribue les couronnes. — La gloire plane sur la France, le peuple est joyeux et content.

« Eh bien, dit le soldat de l'empire au vieillard, vois l'aigle française comme elle déploie ses ailes, du midi au nord, de l'orient à l'occident; Vienne est à nos genoux, Berlin au pouvoir de nos braves. Moskou, la vieille capitale des tsars, ouvre les portes du Kremlin aux soldats français. Parle maintenant, aurions-nous vu toutes ces choses-là, si nous avions prêté l'oreille à tes paroles pacifiques? Grâce à nos armes, *la liberté fera le tour du monde.* »

Le vieillard sourit amèrement et resta silencieux; il voyait le jeune homme, emporté par la fièvre de l'enthousiasme, il voyait que toute parole de sagesse serait perdue pour lui. Mais le soldat insistait et demandait pourquoi il ne s'associait point à la joie générale.

«Je l'ai déjà dit, répliqua celui-ci, vous saurez briser, renverser, mais vous ne saurez ni fonder, ni conserver. Vos triomphes sont passagers et s'évanouiront comme un rêve. »

Le soldat haussa les épaules d'un air incrédule et prit en pitié le vieillard.

Mais quand les rois détrônés reprirent leurs couronnes; quand d'abord vaincus, puis vainqueurs, ils tinrent captif le premier capitaine du monde dans une île éloignée, il se rappela les paroles du sage. Frappé de ses prédictions réalisées, il commençait à douter, il se disait : Peut-être la guerre, la révolte, l'effusion de sang ne sont pas les routes du salut ; peut-être le vieillard connaît le vrai chemin du bonheur.

Mais, avant d'avoir reccurs à lui, il voulait détrôner un roi imposé par l'ennemi. Il fit serment de broyer sous ses pieds la couronne restaurée. Fier du nom français, heureux du succès obtenu, le héros de juillet alla trouver le vieillard.

« A présent, incline-toi devant nous, lui dit-il, nous avons un roi populaire et une charte-vérité, le peuple est libre et souverain, nulle puissance au monde ne saurait nous ravir nos droits et notre gloire.

—Va, va, lui répondit le sage, viens me trouver dans quelques années, et tu me diras si le peuple est libre, si les masses sont heureuses. »

Quelques années après, au chevet du lit du vieillard affaibli, se trouvait un combattant de juin, un accusé d'avril.

« Comment se fait-il que vous connaissiez la destinée? demandait celui-ci. Tout s'est accompli comme vous l'avez prédit.

— Que dirais-tu, mon fils, répondit le vieillard en lui serrant la main, que dirais-tu en voyant un architecte qui voudrait commencer à bâtir un édifice par le faîte? Tu dirais que cet édifice croulera, comme doit crouler toute œuvre sans fondements.

Quand je vous ai vu commencer votre œuvre par le haut, sans vous inquiéter de ce qui se passait en bas, j'ai dû vous comparer à cet architecte insensé, et j'ai prévu que votre œuvre croulerait et écraserait ceux qui y travaillaient.

— Que faut-il faire? »

A cette demande, des larmes tombèrent des yeux du vieillard. Ces larmes voulaient dire : « Vous me le demandez à présent, quand déjà des milliers d'hommes ont péri sur les champs de bataille, quand déjà je suis près de la tombe. »

Cependant il rassemble ses forces et répond avec l'enthousiasme de la jeunesse :

« Il faut organiser *une commune modèle*.

— Une commune modèle! répétait le jacobin, le soldat de l'empire, le héros de juillet, le combattant de juin, le condamné d'avril. Je vous demande à résoudre le problème de l'affranchissement général, de la régénération du monde, et vous me parlez d'une commune!

—Oui, mon fils, d'une commune. La commune, c'est la base, c'est la pierre fondamentale de l'édifice social. Écoutez-moi :

Vous aimez le peuple, vous compatissez à sa douleur, vous risquez vos jours pour son affranchissement, pour le rendre libre et heureux; et, pour atteindre ce but glorieux, vous demandez pour lui *le suffrage universel*. Que fait le suffrage à un homme qui meurt de faim? Pensez-vous que celui qui tue son frère pour lui arracher un morceau de pain ne cédera pas son vote pour sauver sa mère malade, ou ses enfants qui pleurent?

Quel usage voulez-vous qu'il fasse de ce suffrage, l'homme à qui la société a refusé l'instruction, et qu'elle a démoralisé par le travail répugnant, par les tortures d'aujourd'hui, par la crainte du lendemain?

Avant tout, assurez à chacun le travail, l'aisance, l'instruction, et alors vous trouverez, dans des corps indépendants, des âmes nobles et intelligentes, des âmes capables de donner leur avis sur les hommes et les choses.

Vous voulez rendre le peuple libre, faites donc qu'il cesse d'être esclave de la misère, victime du travail répugnant. Contemplez ce malheureux qui, pour un modique salaire, travaille comme un galérien, attaché aux corvées, dans un atelier isolé, sombre et malsain; il y passe toute sa journée, toute sa vie.

Homme-machine, il ne pense pas; son corps s'épuise, son cœur s'endurcit, son esprit se meurt; le soleil ne brille pas pour lui; ce n'est pas pour lui que le printemps sourit; esclave de tous ses moments, il faut qu'il renonce à l'amitié, à l'amour, à la noble ambition; les jouissances du monde matériel et du monde moral sont mortes pour lui.

Jetez un coup d'œil sur nos communes d'aujourd'hui; contemplez ces cent familles divisées, occupant des maisons malpropres, cultivant des champs morcelés, séparés par des bornes, buissons, haies, fossés, grilles, barrières, défendus par des chiens et des fusils. Examinez cette lutte acharnée, où le profit de l'un fait la perte de l'autre; observez cette guerre infâme de concurrence qui vit de mensonge, de fourberie, de faillites et de banqueroutes. Que de soucis, de peines pour produire peu, pour ne produire rien : tout y est envie, haine et discorde ; rien n'y est concilié, combiné, harmonisé ; tout y est en contradiction avec le système unitaire de la nature ; rien n'y est digne de l'homme ; rien n'y est digne de Dieu.

Mais cette commune modèle, cette commune organisez-la selon la loi d'association, et de suite vous y verrez régner l'abondance, la paix, l'amour, l'enthousiasme et l'harmonie.

Associez cent familles de fortunes inégales, de caractères opposés, de tous âges, avec des penchants et des goûts différents ; exploitez une lieue carrée de terrain, comme si elle appartenait à un seul homme, et bientôt, par la loi d'attraction, par le jeu des groupes et séries, la commune deviendra riche et puissante, et les habitants riches et heureux.

Cent cabanes misérables se transformeront en un seul palais magnifique, où l'art, combinant l'économie avec le luxe, saura marier le beau et l'utile. Au lieu de cent cuisines misérables, cent caves humides, cent greniers chétifs, il y aura une seule grande cuisine, une cave, un grenier.

Ces bornes, ces buissons, ces haies, ces fossés, ces grilles, ces barrières disparaîtront; le terrain sera exploité en grand avec zèle et savoir.

L'art aidera la nature, l'abondance récompensera le travail devenu plaisir.

Oui, le travail deviendra plaisir. Le travail aujourd'hui est un supplice, car il est forcé, monotone, méprisé; mais faites que l'ouvrier, au lieu d'être salarié, soit associé, qu'il travaille pour lui-même; laissez-le choisir entre mille occupations diverses dont la commune a besoin, qu'il travaille en groupes à côté de ceux que son cœur a choisis, permettez-lui de varier ses occupations, de passer de la culture aux ateliers, d'un travail manuel à un travail intellectuel. Chassez toute contrainte, laissez agir *l'attraction*, elle gouverne aussi bien le monde passionnel que le monde matériel, elle sait obtenir par amorce d'amour et de plaisir ce que la société d'aujourd'hui ne sait obtenir que par nécessité et contrainte......

L'ouvrier de la commune pourra montrer avec orgueil ses magnifiques édifices, ses champs fertiles, ses bosquets riants, ses ateliers élégants, ses troupeaux nombreux, ses musées, ses archives, ses bibliothèques, et il pourra dire sans être démenti : *Cette commune est à moi, ce château est le mien*. Et il dira vrai, car il ne sera pas salarié, mais associé. La commune est son œuvre, il a déposé dans son sein le trésor de son noble travail.

Là, il n'y aura ni pauvres sans nourriture, ni vieillards sans appui, ni malades sans secours, ni enfants sans familles. La femme, affranchie des premiers besoins, ne sera pas forcée de vendre son honneur pour sauver sa misérable existence. La commune sera riche et puissante, ses habitants forts, généreux et intelligents; tout y sera joies et plaisirs, et ces miracles seront obtenus par la seule attraction, par le jeu des passions harmonisées, par la fougue de l'enthousiasme, par *l'économie des ressorts*, par la *concentration des efforts*.

A côté d'une commune vraiment libre, riche et heureuse, se formeront d'autres communes; la terre tout entière se couvrira de cités enchanteresses; cette terre de misère, de maladies, de crimes, de révoltes, de guerre et d'anarchie, se transformera en paradis d'abondance, où régneront la santé, la paix, l'amour, l'enthousiasme, l'harmonie. Le globe sera conquis à l'unité.

Mais l'abondance, la paix, l'harmonie ne vous suffisent pas, vos âmes brûlent d'une noble ambition; il vous faut des combats glorieux, des conquêtes gigantesques.....

Changez donc vos armées improductives en armées industrielles! L'arme qui donne la mort, transformez-la en arme qui donne la vie, le fer destructeur en instrument de travail. Allez combattre les déserts d'Afrique, les steppes de la Sibérie, les sables de la Tartarie. Domptez les chaleurs du Midi, les glaces du Nord, donnez l'eau aux sables arides, la vie aux plaines incultes. Explorez les montagnes, pénétrez dans les entrailles de la terre, animez les rivières et les mers. Les barbares, qui ont horreur de vos travaux mesquins et répugnants, en voyant vos exploits miraculeux, vous prendront pour des êtres supérieurs, accourront pour s'associer à vos triomphes pacifiques. Dieu vous a donné la terre pour la gouverner. Aux armes ! courez à la conquête du globe! Régnez par l'Industrie. »

Le vieillard voulait parler encore de la création, de la destinée, de l'immortalité de l'âme, de la sagesse et de la justice de Dieu; mais les forces lui manquaient. La chaleur de la narration épuisait son corps affaibli.

Au contraire, l'homme qui l'écoutait grandissait, puisait de nouvelles forces; ses yeux brillaient, sa poitrine battait. Un nouveau monde s'ouvrait à son imagination enflammée. Il n'est plus maître de ses sentiments, il se lève, il court chercher ses frères, ses amis, pour leur faire voir le sublime révélateur, pour leur faire entendre les paroles de la vérité, les prédictions de l'avenir.

A sa voix, la foule se presse, accourt auprès du lit du vieillard.

Fourier n'était plus..... Mais il a laissé au monde son *immortel Traité d'association.*

En vente.

FOURIER ET SON SYSTÈME, par Mme Gatti de Gamond. Troisième édition. 1 vol. in-18. 2 fr. 50 c.

LE NOUVEAU MONDE, journal de la science sociale.

Rédacteurs : Mme Gatti de Gamond, Léon Gozlan, Jean Czynski, Joseph Mainzer, Eugène Stourm, Arthur Guillot, Édouard de Pompéry, Pierre Lachambeaudie, H. Carlet, Rolland Bauchery, Reverchon, Mlle Louise Crombach, etc.

Paraît le 1er et le 15 de chaque mois. Prix, 12 fr. par an, 7 fr. pour six mois, 4 fr. pour trois mois; 14 fr. par an à l'étranger.

Bureau, à la Librairie sociale, rue de l'École-de-Médecine, 4.

Ouvrages de M. Czynski.

LE ROI DES PAYSANS (état des Juifs), 2 vol.

STENKO LE REBELLE (état des Kosaks du Don), 2 vol.

LE KOSAK (révolte des Kosaks d'Ukraine).

LE GRAND-DUC CONSTANTIN (histoire de la révolution polonaise), 2 vol.

HISTOIRE ET TABLEAU DE LA RUSSIE (édition illustrée), 2 vol. 12 fr.

HISTOIRE DE LA POLOGNE, 1 vol. 2 fr. 50 c.

FABLES POPULAIRES, par Pierre Lachambeaudie, avec l'introduction de M. Émile Souvestre. 1 fr. 50 c.

ÉPITRE A RASPAIL, par Michel Raymond (Brucker). 1 fr. 50 c.

BIOGRAPHIE DE MADAME GATTI DE GAMOND, par MM. Sarrut et Saint-Edme. 50 c.

IMPRIMERIE DE L. BOUCHARD-HUZARD, RUE DE L'ÉPERON, 7.

www.ingramcontent.com/pod-product-compliance
Ingram Content Group UK Ltd.
Pitfield, Milton Keynes, MK11 3LW, UK
UKHW020501230726
13925UKWH00005B/2062

9 782013 451758